François

dis-nous en qui tu crois !

À Benoît, mon si cher mari.

B. Delelis

Pour Alexia.

É. Puybaret

À Grand-Maman et Babouchka.

A.-S. Rahm

Pour ma tendre et merveilleuse
épouse et pour nos quatre enfants.

D. Ricour

MAME

Direction : Guillaume Arnaud
Direction éditoriale : Sarah Malherbe, Sophie Cluzel
Édition : Charlotte Walckenaer

Direction artistique : Élisabeth Hebert, Bleuenn Auffret
Mise en page : Les PAOistes
Fabrication : Thierry Dubus, Gwendoline Da Rocha

Direction artistique et musicale du disque :
Bénédicte Delelis et Anne-Sophie Rahm
Narration : Damien Ricour

Chœur d'enfants : Laure et Ombeline de Sury, Arthus et Eulalie Forterre, Maguelonne Huet, Florence Margottin, Esther Chereau et Fabiola Delelis
Chœur d'adultes : Benoît et Bénédicte Delelis, Anne-Sophie Rahm, Étienne Collange et Basile Achet

Harpe : Béatrice Poutiers-Dang
Flûte à bec : Tanguy Dionis du Séjour
Flûte traversière : Jean-Baptiste Chevalier
Violon : Emmanuelle Bavière
Contrebasse : Madeleine Toulouse
Piano : Anne-Sophie Rahm
Guitare : Corentin Le Coz
Percussions : Quentin Rondreux

Prise de son, mixage et mastering : Vince Marshall et Jordan Fuentès

15/27 rue Moussorgski
75895 Paris Cedex 18.
www.mameeditions.com

ISBN : 978-2-7289-2061-7
MDS : 531467

François

dis-nous en qui tu crois !

Texte de Bénédicte Delelis,
d'après les *Fioretti* et les œuvres autobiographiques de saint François d'Assise

Illustrations d'Éric Puybaret

Musique d'Anne-Sophie Rahm,
d'après les textes spirituels de saint François d'Assise et de sainte Claire d'Assise

Voix de Damien Ricour

MAME ★ GRAINES DE SAINTS

Je m'appelle François. Je suis le fils de Pierre Bernardone et de Dame Pica. Je suis né à Assise, en Italie : une petite ville à la lumière dorée, perchée sur une colline. Le jour de ma naissance, mon père, qui était marchand de draps et de tissus, était en voyage en France pour ses affaires. En son absence, ma mère m'avait baptisé Jean, mais lui, à son retour, a décidé : « Son nom sera François ! »

Lorsque j'étais petit, je rêvais d'être chevalier. Mais, à treize ans, j'ai commencé à travailler avec mon père. Je dépensais tout notre argent dans les fêtes et les banquets d'Assise. Je m'étais fait coudre un costume de jongleur, et je déambulais la nuit, dans les rues de la ville endormie, en riant avec mes amis :
« François, toi, le roi de la jeunesse, déclame-nous un poème dont tu as le secret ! Ou bien, as-tu déjà trop bu pour chanter ?

– Boire ne m'empêchera jamais de chanter, ami Gilles ! Prends ta lyre, et je conterai Dame Beauté, la plus douce compagne ! Mais... n'avez-vous pas entendu ces rumeurs de guerre entre Assise, notre ville, et Pérouse sa voisine ? Qu'en pensez-vous, amis ? Pour moi, je ne peux passer ma vie à vendre des étoffes aux jeunes filles et aux riches matrones ! Mon rêve d'être chevalier est toujours vif en mon cœur. Ce soir, c'est décidé, je m'en vais au combat pour notre belle cité ! »

C'est ainsi qu'à vingt ans, je suis parti à cheval pour la guerre. Mais, Assise a été vaincue, et j'ai été fait prisonnier. On m'a jeté dans un cachot, où j'ai croupi pendant un an.
J'y ai attrapé une vilaine maladie, la tuberculose. Mon père m'a libéré et m'a ramené à Assise, où je me suis couché, épuisé et malade.

Quand j'ai pu me lever à nouveau, mes amis me firent fête :
« François, tu es revenu !
– Quand viendras-tu festoyer à nouveau avec nous ?
– Avec ton départ, nous avons perdu le meilleur des compagnons !
– Gilles, mon ami, laisse-moi un peu de temps. Je suis à peine guéri, et j'ai besoin de réfléchir : que vais-je faire maintenant ? Je désire toujours être chevalier. Je crois que je vais repartir. J'ai entendu parler du comte Gauthier de Brienne qui, avec d'autres chevaliers, s'est mis au service du pape ; je voudrais les rejoindre. »

Je me suis préparé à partir. J'avais une armure éclatante, un cheval magnifique. Le cœur battant, heureux et fier, j'ai dit adieu à ma mère, à mon père, à ma ville chérie. Mais, à peine arrivé à la première étape, je me suis senti à nouveau fiévreux. Je me suis couché, enroulé dans une couverture, espérant reprendre vite le chemin.
Mais, tandis que je dormais, j'ai fait un drôle de rêve. Une voix me demandait :
« François, où vas-tu ?
– Dans le sud du pays, pour devenir chevalier ! ai-je répondu.
– Dis-moi, François, pourquoi sers-tu le serviteur et non le maître ?
– Que veux-tu que je fasse, Seigneur ? ai-je demandé.
– Retourne dans ton pays. »

Je n'ai pas bien compris le sens de ces paroles. Mais cette voix me paraissait venir de Dieu. Aussi, le lendemain, j'ai fait demi-tour, et je suis rentré au galop vers Assise. Tout le monde se demandait : « Pourquoi François est-il revenu ? A-t-il eu peur ? Est-il malade ? Ou bien, est-il amoureux ? »

Désormais, je ne parcourais plus la ville en chantant et en festoyant. Je partais le matin dans la campagne ensoleillée d'Assise, je marchais sur les chemins déserts, j'entrais dans les églises pour prier, je cherchais ce Dieu dont il m'avait semblé entendre la voix.

Or, il y avait, dans les environs, des lépreux qui mendiaient leur nourriture. Leurs corps étaient abîmés par la maladie, ils sentaient mauvais, et les apercevoir de loin m'était insupportable.
Pourtant, un jour, au lieu de fuir en les voyant, je me suis approché. Le Seigneur lui-même m'a conduit parmi eux. Je leur ai apporté de quoi manger et je les ai soignés de tout mon cœur. L'un d'eux me regardait, étonné. J'ai pris sa main, et je l'ai embrassée.
Ce qui était pour moi si difficile et amer s'était changé en douceur. C'est alors que j'ai décidé de quitter la maison de mon père, mes amis, et de me retirer, loin du monde, pour être avec Dieu.

J'aimais aller prier dans la vieille chapelle Saint-Damien, en bas de la colline d'Assise. Il y avait là un grand crucifix, suspendu au mur. Le Christ Jésus y était peint, pauvre, les deux bras grands ouverts, les mains et les pieds percés de clous. Je le regardais et je le suppliais :

Dieu souverain et glorieux
illumine la nuit de mon cœur !

Donne-moi une foi droite,
une espérance ferme et un amour ardent !
Fais-moi connaître ta volonté,
je désire l'accomplir, ô mon Dieu !
Fais-moi connaître ta volonté,
car en elle je ne peux me tromper.

Soudain, j'ai entendu la voix du crucifié. Il me disait :
« François, ne vois-tu pas que ma maison tombe en ruines ? Va donc, et répare-la ! »
J'ai regardé autour de moi : la chapelle était très abîmée, aussi ai-je cru que le Seigneur me demandait de la reconstruire. J'allais comprendre plus tard que c'était l'Église de Dieu qu'il fallait rebâtir. Pour l'heure, il me fallait de l'argent.

Je suis donc retourné à Assise chercher des étoffes de mon père et mon cheval, et j'ai tout vendu au marché. J'ai pu me mettre au travail. Tout le monde se moquait de moi :
« Vous avez vu le fils de Bernardone ? Après avoir dépensé l'argent de son père pour faire la fête, il le ruine à présent pour une vieille chapelle abandonnée ! »

Mon père s'est mis en colère :
« Tu gaspilles ma fortune pour des travaux ridicules... À l'âge de gagner ton pain et de te marier, tu te mets à vivre comme un pauvre fou ! »

J'ai été convoqué au tribunal d'Assise. Mon père m'attendait, avec l'évêque et les notables de la ville.
« Je te rends tout ce qui t'appartient, lui ai-je déclaré. Voilà mes vêtements que j'enlève devant tous. En toute liberté, je peux désormais dire à Dieu : "Notre Père qui es aux cieux !" car il est mon seul père. »
Alors, l'évêque m'a couvert de son manteau.

Je suis parti pour vivre en ermite ; j'avais alors vingt-cinq ans. Je passais mes journées à restaurer la chapelle Saint-Damien, qui devenait de plus en plus belle. Lorsque j'eus terminé, j'ai fait de même pour Sainte-Marie-des-Anges, une église située un peu plus bas sur le chemin qui descend d'Assise. Le reste du temps, je soignais les lépreux.

Un jour d'hiver, pendant la messe, tandis que, dehors, le vent glacé sifflait dans les arbres nus, les paroles de l'Évangile m'ont percé le cœur : « *Jésus envoya les douze apôtres en mission en leur disant : "Proclamez que le royaume des Cieux est tout proche. Guérissez les malades, ressuscitez les morts, purifiez les lépreux, chassez les démons. Ne vous procurez ni or, ni argent, ni besace pour la route, ni deux tuniques, ni sandales, ni bâton."* »

Une grande lumière s'est levée dans mon cœur.
« Voilà ce que je désire accomplir de toutes mes forces ! Moi François, le tout-petit, je veux suivre la vie et la pauvreté de notre très haut Seigneur Jésus et de sa mère Marie et y persévérer jusqu'à la fin ! »
Dans ma joie, j'ai donné mon bâton, mes souliers, ma bourse, et ma besace. J'ai cousu une grossière tunique de laine avec une simple corde pour ceinture. À partir de ce jour, j'allais pieds nus, et je parlais partout de l'amour fou de notre bon Seigneur Jésus qui s'est fait pauvre pour nous en ce monde.

Admirable grandeur, étonnante bonté
du maître de l'univers
qui s'humilie pour nous au point de se cacher
dans une petite hostie de pain...

Regardez l'humilité de Dieu,
regardez l'humilité de Dieu,
regardez l'humilité de Dieu
et faites-lui l'hommage de vos cœurs !

Faites-vous tout petits, vous aussi, devant Dieu
pour être élevés par lui.
Ne gardez rien pour vous, offrez-vous tout entiers
à ce Dieu qui se donne à vous...

Messire Bernard, un notable d'Assise, est venu un matin me trouver :
« J'ai décidé, dans mon cœur, d'abandonner le monde, et de te suivre.
– Messire Bernard, lui ai-je répondu tout joyeux, c'est une chose grave et difficile. Il faut demander là-dessus le conseil de notre Seigneur Jésus, pour qu'il nous montre ce qu'il veut ! »
Nous avons ouvert l'Évangile. Et voici le passage qui nous a été donné :
« *Si tu veux être parfait, va, vends tout ce que tu as, distribue-le aux pauvres, et tu auras un trésor dans les cieux. Puis, viens et suis-moi.* »
Ayant lu ces mots, je me suis exclamé, rempli de joie :
« Voilà le conseil que Jésus nous donne ! Va donc et fais jusqu'au bout ce que tu as entendu. »

Bernard a été mon premier petit frère, puis sont venus nous rejoindre Pierre et Gilles, mes amis d'Assise. Un an plus tard, nous étions douze. Ceux qui venaient à nous pour recevoir la vie de Dieu se contentaient d'une tunique et d'une ceinture.

Nous avons pris le nom de « frères mineurs », ce qui veut dire « les plus petits frères ». Nous habitions dans une cabane, à côté de Sainte-Marie-des-Anges. Pendant la journée, nous travaillions, nous soignions les lépreux et nous mendions notre nourriture. Nous passions beaucoup de temps à prier, à louer Dieu.

Pour être un parfait frère mineur, il aurait fallu réunir toutes les qualités de mes saints frères : la foi de frère Bernard et son amour de la pauvreté, la simplicité et la pureté du petit frère Léon, la courtoisie de frère Ange, qui a été le premier chevalier à rentrer dans l'ordre, la prière constante de frère Rufin, qui priait toujours, même en dormant ou en travaillant, la charité de frère Roger, qui agissait toujours par un fervent amour, l'inquiétude de frère Lucide, qui ne voulait jamais rester plus d'un mois au même endroit et qui répétait : « Nous n'avons pas de demeure ici, mais au ciel... »

Nous partions souvent deux par deux pour mendier et annoncer l'Évangile. Un jour d'hiver enneigé, avec frère Léon, nous sommes arrivés, mourant de faim, dans un village.
« Petit frère Léon, lui ai-je dit, tu iras dans ces ruelles à gauche pour demander de la nourriture. Moi, j'irai de l'autre côté. Retrouvons-nous ensuite près de la fontaine. »

Sur ma route, je frappais aux portes en disant :
« Paix à vous ! Auriez-vous un peu de pain à donner aux petits frères ?
– Passe ton chemin, misérable ! » me répondit-on.
Quand j'ai retrouvé frère Léon, je n'apportais que quelques morceaux de pain sec... mais lui avait reçu deux pains entiers, chauds et croustillants !
« Oh ! Frère Léon, me suis-je écrié, nous ne sommes pas dignes d'un si grand trésor !
– Père bien-aimé, comment peux-tu parler de trésor là où il y a tant de pauvreté ? Il n'y a ni table, ni assiette, ni maison, ni serviteur ! »

Je lui dis alors :
« C'est précisément cela que je tiens pour un grand trésor : ce qui est ici est préparé par la providence de Dieu. Regarde ce bon pain mendié, cette table de pierre si belle et la fontaine limpide dans la neige. Prions Dieu de nous faire aimer de tout notre cœur le trésor de la pauvreté qui a Dieu pour serviteur. »

Il s'est mis à pleuvoir ; le froid de l'hiver nous mordait le visage.
« Frère Léon, petite brebis de Dieu, pour toi, qu'est-ce que la joie parfaite ?
– Père, c'est sans doute d'être si saints qu'à notre prière, les aveugles voient, les morts ressuscitent…
– Non, frère Léon, là n'est pas la joie parfaite.
– Alors, est-ce de prêcher si bien qu'à notre parole tout le monde se convertit ?
– Non, frère Léon, là n'est pas non plus la joie parfaite.
– Père, m'a-t-il demandé tout étonné, je te prie, de la part de Dieu, dis-moi ce qu'est la joie parfaite. »

J'ai repris :
« Imagine que, trempés par la pluie comme nous le sommes, salis par la boue et affamés, nous frappions à la porte de notre cabane. Le frère portier arrive en colère en disant : "Qui êtes-vous ?" Nous répondons : "Frère François et frère Léon !" Il nous crie : "Allez-vous-en !" Il sort avec son bâton, nous saisit par le capuchon, nous jette dans la neige et nous laisse dehors toute la nuit. Alors, petit frère, si nous supportons cela avec patience et allégresse, en pensant que nous partageons les souffrances de notre bon Seigneur, je te le dis, c'est cela la joie parfaite. »

Réjouis-toi en tout temps, en tout lieu,
dans le Seigneur, ton Dieu !

Sous le soleil, réjouis-toi,
et sous la pluie, réjouis-toi aussi !
Avec Jésus, supporte tout,
et tu trouveras la vraie joie !

Dans le bonheur, réjouis-toi,
et dans l'épreuve, réjouis-toi aussi !
Avec Jésus, supporte tout,
et tu trouveras la vraie joie !

Le printemps revint. On voyait les hirondelles construire leur nid dans le clocher de Sainte-Marie-des-Anges. Beaucoup de nouveaux frères étaient arrivés cette année-là, et il y avait désormais de nombreuses cabanes.

Un soir, alors que le soleil était déjà couché, frère Massée est venu me trouver, l'air surpris :

« Il y a une jeune fille à la porte qui demande à te voir, frère François. Elle m'a dit qu'elle était prête à attendre toute la nuit, et même plusieurs jours s'il le fallait... »

Cela me fit sourire :

« Voilà une jeune fille qui a du tempérament ! Dis-lui que j'arrive. »

Je l'ai trouvée à la porte, dissimulée dans un grand manteau à capuchon bleu nuit. On ne voyait que ses grands yeux clairs, qui brillèrent de joie lorsqu'elle m'aperçut. Alors, je l'ai reconnue. C'était Claire Offreduccio, la cousine de frère Rufin. Elle appartenait à une grande famille d'Assise.

« La paix soit avec toi, Claire !
– Frère François, je vous remercie de m'ouvrir votre porte à une heure si tardive. J'ai quitté ma maison, en cachette, car je veux, moi aussi, suivre le Seigneur Jésus pauvre. Par amour de ce Dieu qui a été déposé pauvre dans une crèche, a vécu pauvre dans ce monde, et est resté nu sur la croix, je vous demande de m'accueillir comme petite sœur ! »

J'étais bouleversé devant tant de foi et d'amour. Nous avons beaucoup prié cette nuit-là. Elle m'a demandé de couper ses longs cheveux dorés, et elle les a recouverts d'un voile. Le cœur rempli d'allégresse, nous l'avons conduite ainsi parée à Saint-Damien.

« Regarde le Christ pauvre ! m'a dit Claire en voyant le grand crucifix de la chapelle. Le plus beau des enfants des hommes s'est fait pour nous le plus misérable. Si je souffre avec lui, avec lui je régnerai, si je pleure avec lui, avec lui je me réjouirai, si je meurs avec lui, avec lui je trouverai la vie pour toujours... »

En ce temps-là est apparu dans la campagne de Gubbio un grand loup féroce. Tous les habitants vivaient dans la peur. Alors que plus personne n'osait sortir de la ville, j'ai décidé d'aller à sa rencontre, sans arme ni bâton.
Sur le chemin, je murmurais : « Mon Dieu, je mets en vous toute ma confiance. »
Le loup est arrivé en courant, l'air hargneux. Je me suis approché et j'ai fait sur lui un grand signe de croix :
« Viens ici, frère Loup ; je te commande de la part du Christ de ne pas me faire de mal. »

Le loup s'est arrêté net. Il m'a regardé, puis s'est avancé doucement et s'est couché à mes pieds, aussi paisiblement qu'un agneau. Je continuais à lui parler :

« Frère Loup, tu as commis de très grands méfaits. Tu mérites qu'on te punisse. Mais je veux faire la paix avec toi. Fais-moi la promesse de ne plus faire aucun mal. »

À ces mots, le loup a levé sa patte et l'a mise dans ma main. Quand je suis rentré dans la ville, il me suivait, calme et doux, et il n'attaqua plus jamais personne.

Quelque temps plus tard, j'ai décidé de partir en Orient. Là-bas, c'était la guerre. Chrétiens et musulmans se battaient dans le pays du Christ. Moi, je voulais y aller en pèlerin de paix. J'ai été trouver frère Pierre : « Comme une mère chérit ses enfants, veille sur les frères pendant mon absence. Garde pauvre le petit troupeau du Seigneur, et sois au milieu de tous comme celui qui sert. »

J'ai pris la route, avec frère Illuminé. Arrivé en Égypte, j'ai demandé à rencontrer le sultan musulman El Kamil pour lui parler en ami.
« Vous êtes fous ! Vous allez vous faire massacrer ! » se sont exclamés les soldats chrétiens.
Mais le lendemain, à l'aube, nous sommes partis en chantant vers le palais du sultan.

Seigneur, fais de moi un instrument de ta paix !

Là où est la haine que je mette l'amour,
là où est l'offense que je mette le pardon,
là où est la discorde que je mette l'union,
là où est l'erreur que je mette la vérité.

Là où est le doute que je mette la foi,
où est le désespoir que je mette l'espérance,
là où sont les ténèbres que je mette la lumière,
où est la tristesse que je mette la joie.

Soudain, des soldats égyptiens sont arrivés à cheval et se sont saisis de nous. Frère Illuminé, terrifié, a commencé à réciter la prière des mourants... Mais moi je criais :
« Sultan El Kamil ! Sultan El Kamil ! »
Je poussais de tels cris que le chef n'a pas osé nous tuer. Et au bout de quelques jours, on nous a conduits chez le sultan.
« Nous sommes envoyés chez vous par le Dieu très haut, lui ai-je dit, pour vous annoncer son amour éternel. Sire, l'Amour n'est pas aimé. »
Nous avons parlé longtemps, et nous sommes devenus amis.

Durant ce séjour, j'ai attrapé une étrange maladie des yeux. Je voyais de moins en moins, et des larmes coulaient toujours sur mon visage.
« Qu'as-tu, mon saint père François ?, me demanda frère Illuminé, inquiet.
– Je pleure mes péchés, petit frère... Vois-tu, je serais capable d'en commettre encore beaucoup ! Ah, je suis un pauvre pécheur, seul Dieu est saint. »

Au bout de quelques mois, nous avons repris le bateau pour rentrer à Assise. Les nouvelles de nos petits frères n'étaient pas bonnes. Ils étaient maintenant si nombreux que certains d'entre eux avaient décidé de construire de grands monastères. D'autres au contraire disaient :
« Ce n'est pas cela, la pauvreté que frère François nous a apprise ! »
Une grave dispute avait éclaté. J'ai essayé de ramener les frères vers la pauvreté de l'Évangile. En vain. Ils ne m'écoutaient plus.

Alors, j'ai laissé la direction des frères mineurs à frère Pierre. Et le cœur lourd de peine, je me suis retiré dans les montagnes, avec frère Léon, frère Rufin et frère Bernard, mes premiers compagnons. J'étais comme un arbre abattu, une écorce sèche sur laquelle plus rien ne fleurit.
« Ah, frère Léon, laisse-moi seul dans cette petite grotte. J'ai besoin de crier vers Dieu... »

Dans la nuit de mon cœur, j'ai remis dans les mains de Dieu le petit troupeau des frères mineurs. Ce n'était pas mon œuvre, mais la sienne. Alors, j'ai retrouvé la paix.

Noël approchait. Pour célébrer la venue de Jésus, j'ai préparé dans la forêt une mangeoire avec du foin. On y a amené un âne et un bœuf, et allumé des torches. Tous les frères furent invités, ainsi que les habitants des villages voisins. Dans la forêt illuminée, on a célébré la messe et chanté, avec des larmes de joie dans les yeux, l'Enfant de Bethléem.

Les mois passaient, ma santé déclinait. Peu avant Pâques, alors que je priais, j'ai demandé à Dieu :
« Mon Seigneur, je te prie de m'accorder deux grâces avant de mourir : que je sente dans mon corps la douleur de ta Passion, et dans mon cœur l'amour dont tu es embrasé pour nous. »
À ce moment-là, dans mes mains, dans mes pieds et dans mon côté, sont apparus la marque des clous du Seigneur. Mon cœur fut rempli d'une immense allégresse, et tout prêt désormais à mourir, je me suis mis à chanter les louanges de Dieu.

Très haut et tout-puissant, bon Seigneur,
à toi louange, gloire, honneur et toute bénédiction,
à toi seul ils conviennent, ô Très-Haut,
et nul homme n'est digne de te nommer !

Louez et bénissez mon Seigneur, rendez-lui grâce !
Servez-le en toute humilité !

Loué sois-tu par toutes tes créatures,
spécialement frère Soleil, par qui tu nous donnes le jour.
Loué sois-tu Seigneur par frère Feu,
par qui tu éclaires la nuit, il est beau et joyeux !

Loué sois-tu par sœur Lune et les étoiles,
que tu formas dans le ciel, claires, précieuses et belles.
Loué sois-tu Seigneur par frère Vent,
par l'air et les nuages et par tous les temps !

Loué sois-tu Seigneur par ceux qui pardonnent
par amour pour toi et supportent les maladies.
Loué sois-tu par notre sœur la mort,
heureux ceux qu'elle trouvera faisant ta volonté !

Petite brebis de Dieu, le Christ pauvre, toi aussi, embrasse-le ! Le cœur libre et joyeux, cours sur le chemin du bonheur, c'est de la pauvreté que jaillit la joie. Que le Seigneur te bénisse et te garde. Qu'il tourne son visage vers toi, et qu'il te donne la paix.

Pour continuer l'aventure de la sainteté avec François,
rendez-vous sur le site : www.grainesdesaints.fr
Beaucoup de surprises vous y attendent !

N° d'édition : 15228
Achevé d'imprimer en juillet 2015
en Chine par Toppan Leefung.
Dépôt légal : octobre 2015